DE CERO A HÉROE DEL COMERCIO ELECTRÓNICO

5 pasos para el éxito multimillonario con 100 dólares

Por Abraham Wright

Contenido

ADELANTE

Como Construir Un Negocio Online Multimillonario En 5 Pasos Con Menos De $100 Al Mes:

En el siempre cambiante panorama del comercio electrónico, el libro de Abraham Wright, "From Zero To E-Commerce Hero" (De cero a héroe del comercio electrónico), se erige como un relato práctico para los empresarios que buscan ideas pragmáticas. La propia trayectoria de Abraham en el sector del comercio electrónico permite comprender los principios básicos necesarios para triunfar en este ámbito tan competitivo.

El libro desvela un plan exhaustivo, simple y llano, y está repleto de pasos prácticos, que permiten a los aspirantes a empresarios de comercio electrónico alcanzar un éxito multimillonario sin necesidad de capital sustancial.

Estos pasos incluyen la identificación de un nicho rentable, el establecimiento de asociaciones con proveedores locales, la creación de una presencia en línea convincente, el dominio del arte de la fijación de precios y la navegación eficaz por los entresijos de las estrategias de SEO y marketing.

En un mundo en el que el éxito del comercio electrónico puede parecer difícil de alcanzar, este libro ofrece una narración a la vez cercana y práctica, que guía a los emprendedores por un camino que lleva de **cero al héroe del comercio electrónico.**

Descargo de responsabilidad:

El objetivo del contenido de este libro es proporcionar material informativo sobre los diversos temas tratados. Todas y cada una de las cifras incluidas en este libro son meramente ilustrativas y no tienen otro propósito que apoyar los argumentos teóricos del autor.

El editor y el autor no se hacen responsables de los posibles daños o consecuencias adversas que puedan derivarse de las acciones o la falta de ellas por parte de las personas que lean o sigan la información que se proporciona en este libro. Ninguna de las partes puede ser considerada responsable de las acciones tomadas o no tomadas como resultado de la lectura de este libro.

Las referencias que se ofrecen en este libro tienen como único objetivo proporcionar información; no deben tomarse como recomendaciones de determinados sitios web u otras fuentes. El lector también debe ser informado de que los sitios web a los que se hace referencia en este libro pueden, con el paso del tiempo, sufrir modificaciones o dejar de ser pertinentes.

INTRODUCCIÓN

Un gran número de personas tienen el objetivo de lograr la independencia financiera, con la meta de poder liberarse de las limitaciones de las rutinas tradicionales de trabajo de cuello azul de 9 a 5, en las que el estrés de vivir de cheque en cheque puede impedir el desarrollo personal. El camino hacia la autonomía monetaria suele comenzar con la concepción de una idea y exige un trabajo duro, centrado y constante. La concentración es uno de los factores más importantes que determinarán el éxito de esta empresa.

Mantener la concentración implica deshacerse de cualquier distracción innecesaria que pueda desviar la atención del objetivo que se ha fijado. En este libro, voy a dar un plan que ha tenido éxito para un número de personas, un plan que le permite embarcarse en una aventura empresarial multimillonaria con una inversión de menos de 100 dólares. Presentaré este plan para que usted pueda aprovechar su potencial. Esta estrategia es uno de los esfuerzos de negocios que he encontrado que tiene la menor cantidad de riesgo posible, y es ciertamente factible. Con el fin de empezar en esta aventura, todo lo que se requiere es el acceso a un ordenador e Internet.

Las acciones que se describen en este anteproyecto son fáciles de entender y básicas de llevar a cabo. Una vez que haya determinado su especialidad y encontrado un proveedor, la carga de trabajo es en realidad bastante factible, e incluso podrá delegar ciertas responsabilidades en un agente libre.

Se trata de una estrategia de eficacia probada que puede ponerle en el buen camino para alcanzar su objetivo de ser económicamente independiente.

Paso 1: Identificar un nicho

Determinar un nicho de negocio es una empresa compleja y polifacética que requiere una investigación rigurosa, deliberaciones estratégicas y una amplia comprensión de la base de consumidores prevista. Los empresarios deben identificar las necesidades insatisfechas o los sectores infrautilizados de una industria y personalizar sus ofertas para satisfacer esos deseos concretos.

El viaje comienza con una investigación exhaustiva del mercado. Los inversores de capital riesgo deben analizar el entorno industrial más amplio para identificar tendencias, vacíos y oportunidades. Se recomienda investigar a los competidores, los comportamientos de los clientes y las tecnologías o avances emergentes.

Un nicho próspero suele corresponderse con el área de interés y competencia del empresario. Aquellos que están sinceramente entusiasmados con el tema son más propensos a mantener la dedicación y fomentar la innovación. En consecuencia, deben realizar una introspección y determinar qué sectores o temas cautivan auténticamente su interés.

Es crucial afinar la audiencia a la que se quiere llegar. Los empresarios deben desarrollar personajes de consumo completos para conocer mejor los datos demográficos, las preferencias y los retos a los que se enfrenta su clientela potencial. Esto permite adaptar los servicios o productos para satisfacer necesidades concretas.

Es esencial comprender el panorama competitivo. Los empresarios deben evaluar los méritos y deméritos de los participantes actuales en el segmento de mercado seleccionado. Esto puede facilitar la identificación de ámbitos en los que poseen capacidades excepcionales o pueden ofrecer una propuesta de valor distintiva.

Es aconsejable llevar a cabo una validación exhaustiva de un concepto de negocio antes de realizar una inversión completa en un nicho. Para obtener información, puede recurrirse a grupos de discusión, encuestas o incluso ofrecer un producto mínimo viable (PMV) a un grupo selecto de posibles consumidores.

Tras la creación de la empresa, los propietarios deben evaluar y perfeccionar constantemente su oferta en función de las aportaciones de los clientes. Esto garantiza que los productos o servicios se adaptan para satisfacer las demandas cambiantes del nicho de mercado.

Antes de hacerse un hueco, hay que establecer una sólida presencia de marca. Una identidad de marca, un mensaje y una narrativa únicos pueden ayudar a una empresa a diferenciarse y establecer una conexión más profunda con su mercado objetivo.

Un marketing de contenidos eficaz es fundamental para conectar con un público objetivo específico e influir en él. Producir contenidos instructivos, pertinentes y de alta calidad puede ayudar a una empresa a establecerse como autoridad del sector y atraer a nuevos clientes.

El desarrollo de relaciones dentro de la comunidad especializada puede dar lugar a oportunidades de asociación y colaboración. Esto podría facilitar a la organización la ampliación de su audiencia y el establecimiento de su credibilidad.

Por último, la vigilancia y la flexibilidad son cualidades esenciales. La competencia, las condiciones del mercado y las preferencias de los consumidores son susceptibles de modificación. Los empresarios deben permanecer atentos a estas tendencias y estar preparados para adaptar sus estrategias en respuesta a ellas.

Explorar un nicho de negocio requiere un procedimiento continuo y dinámico que combine conocimientos profundos, entusiasmo, flexibilidad e investigación significativa del mercado al que se dirige. El quid de la cuestión es identificar las necesidades insatisfechas y desarrollar soluciones especializadas que atraigan a una clientela específica, fomentando así la expansión y la prosperidad del negocio.

Es esencial identificar un nicho que se ajuste a sus preferencias y capacidades individuales. Si le apasiona o le interesa el arte, debería investigar nichos dentro de esa disciplina. Del mismo modo, las personas con conocimientos de programación o propensión a la tecnología deben dar prioridad a los segmentos próximos a su área de especialización.

La razón de elegir un campo de especialización que se ajuste a los intereses y capacidades personales de cada uno es permitirle dedicarse de lleno a la actividad empresarial y prosperar en ella. Naturalmente, dedicará una parte importante de su energía y entusiasmo a la expansión de su empresa, aumentando así sus probabilidades de éxito.

Aunque es posible aventurarse en nichos no relacionados con su experiencia o intereses, hacerlo puede resultar progresivamente más difícil a medida que crece su negocio.

Durante la época de la fiebre del oro, cuando Levi Strauss se propuso por primera vez establecer un negocio de vaqueros en Estados Unidos, discernió un nicho de mercado distinto y ventajoso. Antes de esa época, la mayoría de los particulares y las empresas se dedicaban a suministrar a los buscadores herramientas y aparatos de minería, como palas y mapas. Inesperadamente, no se prestaba atención a la importancia de desarrollar un atuendo de trabajo adecuado para los mineros que realizaban actividades mineras.

Levi Strauss demostró una clarividencia excepcional al idear una solución: fabricar unos pantalones de tejido resistente que fueran a la vez funcionales y estéticamente atractivos. Sin que él lo supiera en aquel momento, este innovador uniforme se convertiría en uno de los iconos de la moda más reconocibles del siglo XXI. Aún más asombroso es el hecho de que los pantalones Levi's persistieran frente a la obsolescencia mucho después de que concluyera la Fiebre del Oro. Por el contrario, perseveraron y han mantenido su éxito hasta nuestros días, convirtiéndose en una marca de ropa y vaqueros perdurable y de renombre internacional.

Al igual que Levi Strauss, es imprescindible identificar el nicho de mercado antes de emprender una actividad empresarial. Se recomienda encarecidamente seleccionar un nicho en el que los productos previstos sean comparativamente pequeños en tamaño y peso, sobre todo si el objetivo es establecer una próspera empresa en línea. Es aconsejable que una empresa de nueva creación se esfuerce por gestionar eficazmente los gastos de envío y aproveche alternativas logísticas sencillas, como las pequeñas empresas de transporte y los servicios postales.

Aunque no es inviable empezar con productos voluminosos o pesados, el mercado suele preferir artículos fáciles de despachar. Los artículos de tocador y los productos básicos son ejemplos de productos que suelen adquirir tracción más rápidamente en el entorno de los negocios en línea. No obstante, evite preocuparse prematuramente por las dimensiones, el volumen o el peso del producto. Definir e identificar su nicho debe ser su principal objetivo. Una vez identificado su nicho, le resultará más fácil determinar qué productos son los más adecuados para su empresa en línea.

Es fundamental desarrollar una hoja de ruta empresarial completa que aborde todos los aspectos, incluidas la selección de productos, el marketing y las estrategias de venta. Una de las ventajas de este modelo de negocio es que evita la necesidad de poseer productos o de adquirirlos al por mayor. Además, no es necesario disponer de espacio tangible de almacenamiento de existencias, ya que se pueden utilizar las existencias de un proveedor para satisfacer la demanda de los clientes.

Utilizar la fórmula MAGIC como brújula para localizar tu nicho es posible. MAGIC, que significa Cash-flow (flujo de caja), Innovation (innovación), Awesomeness (genialidad), Greatness (grandeza) y Money (dinero), son elementos esenciales que debe incluir tu nicho. Exploremos las siguientes facetas:

El nicho que elija debe poder producir beneficios. Evalúelo analizando los componentes financieros. ¿Cuáles son los ingresos anuales por ventas, medidos en millones o miles de millones de dólares, que producen los productos de su nicho? Analice las tendencias: ¿están aumentando o disminuyendo estas cifras? El dinero es un indicador revelador de la viabilidad de su nicho.

Considere si los productos de su nicho son realmente fenomenales. ¿Los consumidores los percibirán como atractivos y persuasivos hasta el punto de justificar una compra? ¿Poseen estos productos auténtica excelencia y la capacidad de mejorar la vida del cliente? Tenga siempre presente que los clientes están comprando algo de valor a cambio de su dinero.

El concepto de grandeza se refiere al valor que aportan sus productos. Deben ser distintivos y cumplir una función que atraiga mucho a los destinatarios. Los clientes están dispuestos a invertir en un producto excepcional porque satisface eficazmente sus necesidades o resuelve sus problemas.

La innovación es una fuerza transformadora. Su nicho debe contener, como en el momento en que Steve Jobs dio a conocer el iPhone, componentes innovadores que tengan el potencial de perturbar el mercado o revolucionar un sector. Los productos innovadores tienen la capacidad de cautivar la atención de los consumidores y establecer una influencia duradera.

Establecer un flujo de caja sostenible es fundamental. Las empresas deben generar ingresos rápidamente. Los inversores potenciales pueden verse disuadidos de invertir aunque usted tenga un concepto o un producto brillante si el rendimiento de la inversión tarda años en materializarse. Los particulares prefieren obtener el rendimiento de sus inversiones lo antes posible. Una estrategia empresarial sólida debe garantizar una rápida acumulación de flujo de caja.

La transmisión de mensajes a través de canales que puedan llegar a un público amplio es un principio fundamental del marketing. Por ejemplo, un mensaje como "América es grande" impreso en el billete de un dólar o en otra pieza de moneda ampliamente utilizada tiene el potencial de llegar a millones de personas. Del mismo modo, su nicho debe poseer la capacidad de atraer y conectar con un público amplio. En conclusión, la fórmula MAGIC puede ayudarle a identificar un segmento de mercado que posea no sólo potencial financiero, sino también interés de los clientes, una propuesta de valor, innovación y un flujo de caja constante, cumpliendo así los principios de las empresas prósperas. Es imprescindible contemplar un nicho de mercado que ofrezca una amplia variedad de productos. Cuanto mayor sea la variedad ofrecida por un nicho, mayor será la probabilidad de lograr ventas efectivas. Aunque es factible establecer un nicho que gire en torno a un único producto, es fundamental que el producto se adhiera a la fórmula MAGIC y muestre atributos distintivos y pioneros.

Por ejemplo, al empezar mi empresa, vendía aceite de orégano adquirido exclusivamente a un proveedor. Al principio, la oferta de productos era solitaria. Sin embargo, como producto novedoso, el aceite de orégano siguió atrayendo un aumento constante de la demanda por parte de los consumidores.

Mi línea de productos se fue diversificando gradualmente para incorporar un surtido de aceites esenciales. Posteriormente, formé una alianza estratégica con un mayorista, lo que me permitió ofrecer a mi clientela una mayor selección de productos sin incurrir en gastos de gestión de inventario. Ganaba una comisión actuando como intermediario y comercializando los productos del mayorista.

El quid de la cuestión es que un nicho que contenga una gama diversa de productos suele ser más beneficioso. Las necesidades de las personas son variadas y el funcionamiento del comercio se rige por los principios de la probabilidad. En comparación con un nicho con una única oferta de productos, la ampliación de la base de clientes y la consecución del éxito aumentan si se ofrecen varios productos.

Paso 2: Encontrar un proveedor local

En este paso se trata de identificar un proveedor local para su nicho con un inventario de moderado a considerable.

El siguiente paso, una vez identificado su nicho, es encontrar un proveedor adecuado. Aunque es posible que su proveedor sea local o internacional, a efectos de este artículo nos centraremos en los proveedores locales con existencias.

El modelo de negocio de la distribución, empleado con frecuencia por los proveedores internacionales, presenta una oportunidad intrigante y potencialmente lucrativa. No obstante, presenta su propio abanico de dificultades. Aunque ofrece la posibilidad de generar ingresos pasivos, su gestión puede ser bastante compleja. Puede resultarle difícil resolver los problemas de los consumidores cuando no tiene acceso directo a los productos en cuestión. Las dificultades pueden surgir cuando se intenta prestar un servicio de atención al cliente y resolver problemas en el marco de un modelo de externalización.

Trabajar con proveedores locales que gestionen sus propias existencias y ofrezcan un mayor control directo e implicación en las operaciones comerciales será el tema central de este libro.

La idea central que nos ocupa se refiere a la creación de una próspera empresa en línea que requiere poco desembolso de capital, una exposición restringida al riesgo y la posibilidad de obtener importantes beneficios financieros. En el núcleo de este marco reside la función de su proveedor, que en esencia actúa como titular de su inventario. Este método elimina la necesidad de mantener un inventario tangible de productos. A la inversa, usted funciona como intermediario, capitalizando el valor y los ingresos generados por los productos de su proveedor. Tanto usted como su proveedor se benefician de esta relación simbiótica, ya que usted actúa como canal de ventas y obtiene una parte de los ingresos. Los márgenes de beneficio y otros detalles relativos a esta asociación se examinarán a fondo en el análisis posterior sobre las estrategias de fijación de precios.

Este paradigma empresarial es elegante por su versatilidad y adaptabilidad. La composición de sus proveedores puede variar en función de las características de su nicho industrial y de sus objetivos empresariales particulares. Pueden ser proveedores de servicios, boutiques artesanales, fabricantes, mayoristas o minoristas tradicionales. Su nicho se refleja estrechamente en el proceso de selección de proveedores, que le permite adaptar su negocio a los requisitos y atributos específicos de su mercado seleccionado.

Al formar alianzas con estos proveedores, usted accede a una serie de ventajas. A continuación se enumeran varias ventajas importantes:

<u>Riesgo financiero mínimo</u> :

La ausencia de obligaciones de inversión relacionadas con la adquisición y el almacenamiento de existencias reduce sustancialmente el riesgo financiero. Al reducir la barrera de entrada para los aspirantes a empresarios, se mitigan las posibles pérdidas en caso de que el negocio no gane la tracción prevista.

Coste-eficacia :

Es posible dirigir su empresa con unos gastos administrativos mínimos. No se necesitan almacenes, ni instalaciones de almacenamiento, ni los costes asociados. Esta rentabilidad aumenta el potencial de beneficios.

Oferta de productos diversos :

Al aprovechar los variados inventarios de sus proveedores, usted adquiere la capacidad de ofrecer una amplia selección de productos o servicios que responden eficazmente a las diversas demandas de su público objetivo. Gracias a la diversificación, se puede atraer a un mayor número de clientes.

<u>Priorizar las ventas y el marketing</u> :

El énfasis central de sus esfuerzos debe estar en las ventas y el marketing. Sin el peso de la gestión de inventarios, puede centrarse en promocionar eficazmente sus productos o servicios, desarrollar su marca y ampliar su base de clientes.

<u>Capitalizar la experiencia</u> :

Los proveedores suelen poseer amplios conocimientos y experiencia en sus ámbitos específicos. Aprovechando su experiencia, podrá perfeccionar su oferta, acceder a productos de alta calidad y obtener información valiosa.

<u>Escalabilidad</u> :

Puede ampliar fácilmente su negocio a medida que crece estableciendo alianzas con proveedores complementarios o ampliando su surtido de productos y servicios. La escalabilidad permite una rápida expansión al tiempo que evita las complejidades logísticas que afectan a las empresas convencionales.

Fundamentalmente, este modelo de negocio aprovecha las ventajas de la especialización y la colaboración, permitiéndole concentrarse en sus competencias básicas: establecer conexiones con los consumidores, promocionar productos y generar ingresos.

Se trata de un ecosistema mutuamente beneficioso en el que tanto usted como sus proveedores pueden prosperar; es una situación en la que todos salen ganando. Examinaremos más a fondo múltiples facetas de este modelo de negocio, como las estrategias de precios, la captación de clientes y la ampliación para garantizar el éxito a largo plazo.

Supongamos que ha elegido el sector de la joyería como su nicho de negocio en línea. En esta coyuntura, es oportuno localizar un proveedor de joyas fiable con capacidad para ofrecer una amplia variedad de productos. El procedimiento comienza con el establecimiento de relaciones con los posibles proveedores. Es posible visitarlos, participar en diálogos sustanciales y solicitar una copia de su catálogo de productos. Este intercambio en persona permite determinar su credibilidad y evaluar el surtido de joyas que ofrecen.

Es aconsejable preguntar por sus productos más populares durante las conversaciones. Conocer sus productos más solicitados puede ayudar a coordinar las decisiones de inventario con la demanda del mercado. Además, invierta tiempo en investigar el sitio web del proveedor si tiene presencia digital. Accediendo a sus productos a través de este portal digital, se puede adquirir un conocimiento significativo sobre el alcance de sus existencias e identificar artículos de joyería concretos que pueden ser adecuados para incluirlos en una tienda online.

Mediante un examen minucioso del catálogo y la presencia en línea del proveedor, se adquieren los conocimientos necesarios para tomar decisiones bien fundadas sobre los productos que conviene exponer en el nicho de la joyería. Esta fase de investigación garantiza que su negocio en línea satisfaga los deseos y requisitos de su mercado objetivo y sienta las bases para una asociación próspera.

La tarea de identificar al proveedor más fiable requiere una investigación exhaustiva y escrupulosidad. El proveedor puede compararse a una gema de valor incalculable descubierta durante una expedición empresarial. Establecer la confianza y mantener la regularidad, especialmente durante las fases iniciales, dependen de la formación de alianzas con proveedores fiables. En consecuencia, iniciar la búsqueda de proveedores es una empresa crucial.

Para identificar al proveedor óptimo, es necesario realizar una investigación meticulosa. Por ejemplo, al embarcarse en una aventura empresarial como la venta de suplementos nutricionales, es fundamental discernir los minoristas más estimados que operan en el sector. El éxito de su empresa depende de la fiabilidad y calidad de su proveedor.

Para iniciar su búsqueda, investigue múltiples vías. Utiliza Google para localizar posibles proveedores afines a tu área de especialización. Examine las publicaciones periódicas en busca de menciones a ejecutivos del sector. Infórmese en la Cámara de Comercio de su zona sobre las principales empresas del sector. Para identificar proveedores y minoristas especializados en su nicho, consulte las Páginas Amarillas. No hay que subestimar la importancia de solicitar recomendaciones a conocidos y compañeros, que pueden poseer valiosos conocimientos.

Un paso crucial en la creación de una empresa es asegurarse de que un proveedor proporcione un inventario físico que esté fácilmente disponible para su uso. No tener en cuenta este elemento fundamental puede obstaculizar su avance e impedir su trayectoria hacia el éxito. Por lo tanto, invierta el tiempo y la energía necesarios para identificar y establecer sistemáticamente una relación de colaboración con un proveedor fiable, ya que constituye el pilar fundamental de su iniciativa empresarial.

Tras conseguir un proveedor de confianza, lo más importante es iniciar el proceso de elaboración del catálogo. Este procedimiento implica la selección minuciosa de los productos que se venderán dentro de un nicho específico, seguida de la organización de sus productos en un catálogo completo. Para optimizar esta tarea, considere utilizar una aplicación de hoja de cálculo como Excel o Google Sheets.

Cada producto de este catálogo merece una descripción elaborada. Pretende que la razón de ser del deseo de los consumidores por adquirir un producto concreto es de suma importancia. Haga un esfuerzo adicional para mejorar la descripción del producto con el fin de aumentar su atractivo, si ya existe. Con frecuencia, los clientes desconocen la existencia o utilidad de determinados productos; por lo tanto, es responsabilidad suya informarles.

Tenga en cuenta que a medida que desarrolle su catálogo, éste funcionará como una valiosa referencia cuando comience la construcción de su sitio web. Elaborar descripciones minuciosas sirve al doble propósito de ilustrar a los posibles compradores y de ayudar en el ámbito de la optimización de motores de búsqueda (SEO). Contar con un catálogo bien organizado y que contenga las palabras clave adecuadas aumentará la visibilidad y prominencia de su sitio web en las búsquedas en línea.

Además, con la creación de este catálogo, está creando su inventario virtual, una valiosa colección de productos en cuya adquisición no ha invertido ni un solo dólar. Su acción es necesaria para presentar este inventario al mundo y transformarlo en comercio. Es comparable a desenterrar un tesoro personal en Alibaba, lleno de potencial sin explotar que está ansioso por ser explotado y presentado a una clientela satisfecha.

Es importante comprender que el proceso de localización de un proveedor no exige que uno sea el único. De hecho, usted tiene la prerrogativa de establecer asociaciones con un número ilimitado de proveedores, a condición de que satisfagan las normas de fiabilidad y mantengan unas existencias tangibles. Imagínese que ha decidido especializarse en la venta de productos infantiles. En esta situación, se puede adquirir existencias del proveedor X y, al mismo tiempo, investigar las ofertas del proveedor Y. Esta estrategia permite ampliar el catálogo de productos, ofreciendo así a los clientes una mayor variedad de opciones.

Ocasionalmente, puede darse el caso de que tanto el Proveedor X como el Proveedor Y ofrezcan el mismo producto, denominado Producto P. En tales situaciones, calcule su margen de beneficio calculando el precio medio del Producto P de ambos proveedores. Esta metodología garantiza la competitividad de precios sin comprometer la capacidad de generar ingresos.

La idoneidad de un producto para el transporte es otro factor crítico que hay que tener en cuenta a la hora de elaborar un inventario virtual. Ciertos artículos, como los materiales combustibles o los compresores de aire, pueden presentar dificultades o incluso restricciones legales en términos de transporte aéreo.

El cumplimiento de las normas de transporte y el conocimiento de estas limitaciones son de suma importancia.

Tenga en cuenta que su inventario en línea es similar a una riqueza de recursos potenciales que están esperando a ser explotados. Esfuércese por construirlo, mejorarlo y ampliarlo. Anteponer la calidad a la cantidad es de suma importancia; un inventario excesivo comprometería la calidad de sus productos.

Lograr un negocio sostenible y fiable es de vital importancia, lo que exige mantener un enfoque equilibrado que salvaguarde los intereses de los clientes y la prosperidad de la empresa.

Una vez identificados con éxito los proveedores para su inventario, es fundamental estructurar las operaciones de su empresa. Un método eficaz para lograrlo es agrupar toda la información de los productos en un archivo CSV (valores separados por comas) o, como alternativa, en una hoja de cálculo bien estructurada.

La implementación de archivos CSV puede optimizar significativamente el procedimiento cuando uno resuelve convertir su empresa a una plataforma de comercio electrónico.

La creación de archivos CSV se simplifica con diversas alternativas de software, incluidos programas gratuitos y de código abierto. Al utilizar plataformas de comercio electrónico como Shopify o GoDaddy, estos archivos CSV serán de suma importancia. Revolucionan el proceso de creación de una tienda en línea al agilizar sus operaciones.

El desarrollo de un sitio web, que antes requería de tres a seis meses, puede completarse ahora en una o dos semanas, o incluso antes, en función del nivel de esfuerzo y tiempo dedicados a la construcción del sitio.

Paso 3: Crear o clonar un sitio de comercio electrónico

En este paso vamos a discutir la construcción de un sitio web de comercio electrónico mediante la creación de su tienda en línea o replicar una ya existente.

Con la llegada de herramientas fáciles de usar y la tecnología moderna, la creación de un sitio web ha pasado de ser una tarea antaño difícil a uno de los métodos más sencillos de establecer una presencia en línea.

Hace una década, construir una plataforma de comercio electrónico era una empresa difícil y cara. Ahora se puede crear un sitio web de comercio electrónico, a pesar de carecer de importantes conocimientos tecnológicos. Otra posibilidad es subcontratar la tarea a un autónomo; sin embargo, esto puede acarrear gastos que oscilan entre 100 y 1.000 dólares, en función de las especificaciones particulares que se tengan en relación con plataformas como GoDaddy o Shopify.

Con unos conocimientos básicos de informática e Internet, crear un sitio web no supone una empresa excesivamente difícil.

Nombre de dominio:

Para empezar, necesitará un nombre de dominio para su sitio web.

Es esencial elegir un nombre de dominio memorable y atractivo, ya que esto aumentará la capacidad de descubrimiento de su sitio web cuando Google lo indexe para Google Analytics. Un nombre memorable es una ventaja para sus esfuerzos de marketing. ¿Quién podría olvidar nombres de dominio como business.com o amazon.com?

Increíblemente, el nombre de dominio business.com se vendió por la importante suma de un millón de dólares, sin incluir el sitio web que lo acompañaba.

Comience el proceso de desarrollo de su sitio web buscando un nombre de dominio memorable y sucinto que refleje con precisión su área de especialización. Asegúrese de que sea sucinto, cautivador y digno de mención. Una vez localizado el nombre ideal, compruebe su disponibilidad para asegurarse de que se puede comprar. El coste anual del registro de un nombre de dominio oscila entre 9,99 y 15 dólares. Hostinger y GoDaddy son algunas de las muchas empresas que ofrecen el registro de nombres de dominio.

Shopify, una plataforma ampliamente reconocida por sus intuitivas funciones de desarrollo de sitios web de comercio electrónico, también ofrece la opción de registrar un nombre de dominio. Además de sus competidores, GoDaddy ofrece un constructor de comercio electrónico más económico y competitivo que Shopify. Estas plataformas de comercio electrónico eliminan la necesidad de tener conocimientos de codificación o programación para facilitar la creación de sitios web.

Plataformas de comercio electrónico:

Después de obtener un nombre de dominio para su empresa en línea, puede proceder con el desarrollo de su sitio web de comercio electrónico. Hay tres enfoques simples para establecer un sitio web de comercio electrónico, siendo el más sencillo la utilización de una plataforma pre-construida como Shopify. Esta plataforma sin complicaciones le otorga la autonomía para desarrollar de manera eficiente y rápida su sitio web de comercio electrónico.

Archivo de valores separados por comas (CSV):

Basta con importar a la plataforma el archivo de valores separados por comas (CSV) que ha creado. Por esta razón, en el Paso 2, hice hincapié en la importancia de construir un catálogo de inventario bien organizado.

El establecimiento de este catálogo agilizará sustancialmente el proceso de desarrollo de tu empresa online, ya que Shopify asume la mayor parte de las tareas laboriosas. Tu principal responsabilidad consiste en añadir tus productos a tu sitio web.

Para quienes no estén familiarizados con la expresión "exportar", denota el proceso de transferir datos de una ubicación o formato a otro, como la información de sus productos contenida en un archivo CSV.

Exportar, en este contexto, implica transferir la información de tu catálogo de inventario a la plataforma Shopify, facilitando así la perfecta integración de tus productos en tu sitio web de comercio electrónico. Al emplear este enfoque racionalizado, puedes asignar eficazmente tiempo y energía a la construcción de tu tienda en línea.

Si su sitio web contiene un número relativamente pequeño de productos, puede ser innecesario generar un archivo CSV; puede introducir los artículos manualmente. Shopify ofrece un mes de prueba gratuito, durante el cual tienes tiempo suficiente para añadir o importar manualmente todos tus productos desde el archivo CSV. De forma similar, la plataforma de comercio electrónico de GoDaddy ofrece un periodo de prueba gratuito en el que se pueden configurar los productos.

OpenCart es una alternativa económica adicional a Shopify y GoDaddy. OpenCart es una plataforma de comercio electrónico que permite el desarrollo de sitios web de compras de código abierto. El único requisito es el pago del alojamiento; los precios varían entre 2,99 y 30 dólares al mes, en función de las necesidades de consumo de datos del usuario. Me gustaría sugerir Shopify, ya que su alojamiento está incluido en su plan mensual. Tras un mes de prueba gratuita, su plan más asequible cuesta 51 dólares al mes después de que los tres meses iniciales se facturen a 1 dólar al mes.

Al principio, un plan caro puede no ser esencial; se puede optar por actualizar a medida que progresa el volumen de ventas. Además, GoDaddy es una opción económica.

<u>Temas de la tienda:</u>

Es esencial, antes de comenzar el desarrollo de su sitio web, elegir un tema apropiado para su tienda. Hay una gran variedad de temas disponibles para su nicho, algunos de los cuales son gratuitos y otros pueden exigir un pago. Numerosos temas gratuitos son más que adecuados para un sitio web.

Shopify proporciona un sistema de pago integrado para el procesamiento de pagos, lo que requiere la vinculación de su información financiera a su sitio web. Shopify también ofrece soluciones en materia de logística. La integración de transportistas nacionales y privados en la plataforma de Shopify es perfecta, al igual que la integración de GoDaddy. Por el contrario, en el caso de OpenCart, adquirir una clave API o un código para integrar sus sistemas en tu plataforma de comercio electrónico requiere que inicies la comunicación con los transportistas.

Tanto GoDaddy como Shopify ofrecen la opción de contratar a sus propios especialistas para que te ayuden en el desarrollo de tu sitio web. Sin embargo, no vamos a profundizar en estos servicios, ya que la concentración de este libro es en el establecimiento de un negocio exitoso con una inversión de $ 50. Por el contrario, es posible que desee contratar a profesionales independientes de plataformas alternativas, como GoDaddy o Shopify, que a menudo ofrecen tarifas más competitivas y pueden poseer una gran experiencia en el desarrollo de sitios web.

Aunque Shopify y GoDaddy son alternativas encomiables, es importante reconocer que también existen otras opciones viables. Algunas empresas optan por utilizar la plataforma WooCommerce, especialmente si poseen experiencia previa en el desarrollo de sitios web WordPress. Al integrarse perfectamente con los temas de WordPress, WooCommerce ofrece una opción viable adicional para el desarrollo de un sitio web de comercio electrónico.

Es crucial tener en cuenta que el proceso de desarrollo de un sitio web de comercio electrónico se ha vuelto extraordinariamente cómodo en el actual entorno digital. Es crucial mantener la concentración y optar por la plataforma que se corresponda con la competencia y el nivel de facilidad de cada uno. Si tiene experiencia previa en el desarrollo de sitios web en WordPress, WooCommerce puede ser una opción excelente.

Clonación:

Existe una oportunidad astuta para duplicar rápidamente un sitio web de comercio electrónico establecido propiedad de su proveedor mediante el proceso de replicación. Mediante la utilización de un software de recopilación web, se puede producir un archivo CSV que contenga toda la información necesaria. Este archivo puede exportarse posteriormente a una plataforma de comercio electrónico independiente. Imaginemos una situación en la que su proveedor dispone de un amplio catálogo en línea con más de mil productos. Utilizando un raspador web, uno puede extraer sin esfuerzo estos datos y construir su inventario.

Aunque carezca de conocimientos jurídicos, en general está permitido utilizar programas informáticos como los raspadores web para este objetivo concreto. Para inyectar algo de creatividad en su sitio web, puede revisar posteriormente las descripciones de los productos utilizando Quillbot u otros recursos complementarios.

Una de las ventajas de utilizar raspadores web es la posibilidad de desarrollar rápidamente un sitio web de comercio electrónico, incluso si el sitio contiene una cantidad considerable de productos, que puede llegar a millones. Una vez concluido el procedimiento de extracción y generado el archivo CSV, basta con exportarlo directamente a la plataforma de comercio electrónico preferida (por ejemplo, Shopify, GoDaddy, OpenCart, etc.). Su sitio web ya está operativo.

Establecer una boutique en línea para exponer productos especializados a una base de consumidores potencialmente inmensa, de millones o miles de millones, es el objetivo primordial, independientemente de si se opta por desarrollar un sitio web a medida o replicar uno ya existente. Este es el encanto de Internet: ofrece una extraordinaria oportunidad de marketing.

Destacadas empresas de comercio electrónico como Shein, que debutó como una modesta boutique en línea especializada en trajes de novia, y Amazon, que se originó en un garaje, se expandieron rápidamente hasta convertirse en sectores multimillonarios. Usted dispone actualmente de la misma oportunidad gracias a Internet.

Obtener lo que antes exigía cientos de miles de dólares en préstamos y financiación para las empresas puede lograrse ahora por tan sólo 51 dólares al mes, dependiendo de la plataforma de comercio electrónico seleccionada. Gracias a la asequibilidad y accesibilidad de las empresas en línea, los aspirantes a empresarios pueden llegar a un público mundial con un desembolso financiero mínimo.

Estas plataformas de comercio electrónico ofrecen foros y tutoriales en vídeo que hacen que aprender a configurar tu sitio web sea un proceso sencillo, aunque al principio te sientas abrumado. Es importante tener en cuenta que la mejor manera de superar los retos es afrontarlos de frente y perseverar.

En cuanto haya terminado la creación de su sitio web, es de suma importancia comprobar que contiene descripciones correctas e información exhaustiva sobre su empresa.

"Quiénes somos

Cuando los clientes acceden a su plataforma web, deben poder determinar rápidamente quién es usted, cómo ponerse en contacto con usted y los antecedentes de su empresa. Debe prestar especial atención al área "Quiénes somos" de su sitio web, ya que es el lugar donde puede presentar información sobre los antecedentes, valores y objetivos de su empresa.

La confianza en su sitio web aumentará como resultado directo de su franqueza y transparencia demostradas.

Es importante tener en cuenta que el hecho de que su empresa opere en el entorno virtual no es motivo para mantener sus operaciones ocultas al ojo público.

Por el contrario, debe tener como prioridad ser abierto y honesto con sus clientes respecto a su empresa para ganarse su confianza.

Registre su empresa:

También debe reflexionar sobre la importancia de registrar su empresa formalmente. En las fases iniciales de su negocio, puede que esto no sea una prioridad para usted.

Esto es especialmente cierto si se tiene en cuenta que es posible que no tenga ninguna deuda tributaria el primer año si su empresa no ha alcanzado un determinado umbral de ingresos.

Consideraciones fiscales:

Por otro lado, en cuanto su empresa empiece a ganar tracción, es absolutamente necesario registrarla y obtener un número de identificación fiscal.

Cuando en el futuro trabaje con un contable o se ocupe de otras cuestiones relacionadas con los impuestos, este paso le resultará muy útil.

Paso 4: Conseguir el precio adecuado :

En este paso hablaremos de la estrategia de precios y aprenderemos a fijar precios competitivos y rentables.

La fijación de precios es un determinante esencial de la rentabilidad de su empresa. Es crucial tener en cuenta que el objetivo es crear una empresa rentable, no filantrópica, lo que requiere una inversión financiera mínima y un grado de riesgo casi inexistente.

En consecuencia, es fundamental establecer precios adecuados para sus productos. Su estrategia de precios debe estar en consonancia con los márgenes de beneficio previstos, el número y la variedad de productos que ofrece y su nicho de mercado.

Es especialmente importante evitar inflar demasiado los precios cuando un proveedor ofrece productos idénticos a la venta en línea. Es esencial encontrar un equilibrio entre rentabilidad y competitividad.

Por ejemplo, supongamos que adquiere 20 unidades del producto X de su proveedor a un coste de 6 $ cada una, y que genera ventas mensuales de esta cantidad. Sería más prudente revenderlas a 5 $ en lugar de cobrarlas a 8 $. De este modo, generará un beneficio de 40 $ por producto vendido.

Una inflación excesiva de los precios podría restringir las ventas mensuales a cinco artículos, lo que arrojaría un beneficio por producto de 20 dólares en lugar de los 40 previstos.

El factor crucial es comenzar de forma gradual y constante. En lugar de preocuparse por la velocidad a la que empezará a ver beneficios, concéntrese en mantener la constancia.

Un proverbio francés dice: "El apetito viene con el comer".

<u>Colaboración con proveedores</u>:

A medida que su empresa se expande, puede plantearse explorar posibles asociaciones con proveedores distintos del actual, lo que podría mejorar aún más sus márgenes de beneficio. Por tanto, para garantizar el éxito de tu negocio, prioriza las operaciones de bajo riesgo, las ventas constantes y las estrategias de marketing eficientes.

Del mismo modo, el margen de beneficio potencial difiere en función del nicho de producto. Consideremos un caso en el que uno toma la decisión de especializarse en la venta de productos de joyería, habiendo discernido su nicho y localizado un proveedor fiable. Cuando esto ocurre, productos como un colgante de oro pueden generar márgenes de beneficio sustanciales.

Por ejemplo, si su proveedor ha fijado el precio del anillo en 500 dólares, es concebible que usted pueda revenderlo en su sitio web por un rango de 600 a 800 dólares. No se trata de una inflación de precios, ya que las joyas suelen tener un valor intrínseco y ofrecen márgenes de beneficio mucho mayores que otras categorías de productos.

Por el contrario, en el contexto de la venta de juguetes para niños, si un juguete específico (denominado Juguete A) es ofrecido por su proveedor por 80 dólares, es posible que no se le permita aumentarlo en su sitio web en más de 100 dólares. Como el nicho y la dinámica del mercado desempeñan un papel importante, no existe una fórmula universal para determinar los precios de los productos. Lograr un equilibrio entre precios competitivos y rentabilidad es de suma importancia en el contexto de la industria particular de cada uno.

Márgenes de beneficio:

Cuando se trata de un gran inventario de productos, como en el caso de la venta de productos de belleza con más de 2.000 artículos de sus proveedores, la fijación de precios puede simplificarse utilizando un enfoque de margen basado en porcentajes. Un método eficaz consiste en aplicar un porcentaje fijo de margen de beneficio al coste de cada producto. Por ejemplo, puede decidir añadir un margen de beneficio del 15% al precio de coste de cada artículo.

Aprovechando herramientas como una hoja CSV y un programa de hojas de cálculo como Excel, puede aplicar eficazmente esta fórmula de margen a todos sus productos. Esto simplifica significativamente el proceso de fijación de precios, permitiéndole determinar rápidamente el precio de venta de cada artículo de su inventario.

Al utilizar un margen porcentual coherente en toda su gama de productos, no sólo agiliza su estrategia de precios, sino que también garantiza que sus precios sigan siendo competitivos y se ajusten a sus objetivos de beneficios. Es una forma eficaz de mantener la coherencia en la fijación de precios a la vez que se gestiona un catálogo de productos amplio y diverso.

La fijación de precios de los productos de belleza, que suelen constar de más de 2.000 artículos procedentes de proveedores, puede gestionarse más fácilmente mediante la aplicación de una estrategia de márgenes basada en porcentajes. La aplicación de un porcentaje fijo de margen de beneficio sobre el coste de cada producto es un planteamiento eficaz. Por ejemplo, se podría establecer un margen de beneficio del 15% que se añadiría al precio de coste del artículo.

Software de hojas de cálculo:

Utilizando programas de hojas de cálculo como Excel y hojas CSV, se puede aplicar eficazmente esta fórmula de margen a todos los productos. Esto agiliza enormemente el procedimiento de fijación de precios, permitiéndole determinar eficazmente el precio de venta de cada artículo de su stock.

Al aplicar un margen porcentual uniforme a toda su línea de productos, se asegura de que sus precios sigan siendo competitivos y acordes con sus objetivos de beneficios, al tiempo que racionaliza su estrategia de precios. Al tiempo que supervisa un surtido amplio y variado de productos, este método garantiza eficazmente la uniformidad de los precios.

Con el tiempo, a medida que vaya conociendo el rendimiento de su producto, podrá tomar decisiones informadas sobre el ajuste de los precios.

Por ejemplo, supongamos que tiene un producto superventas, el Producto X, del que vende sistemáticamente 1.000 unidades al mes. Tras analizarlo, descubre que ofreciendo cupones o aplicando descuentos, las ventas de este producto podrían aumentar potencialmente hasta 8 o 10 veces su volumen actual.

En este caso, lo lógico es reducir el precio del producto X para aprovechar el aumento de la demanda y aumentar las ventas de forma significativa.

Para obtener información valiosa sobre la elaboración de una estrategia de precios eficaz, recomiendo consultar los libros de Alex Hormozi.

Paso 5: SEO y estrategias de marketing

A medida que esta guía se acerca a su fin, es fundamental subrayar que la creación de una empresa de comercio electrónico no es más que el principio.

Aunque su sitio web esté operativo y acepte pedidos, sigue siendo necesario asegurarse de que sea descubrible y visible para generar ventas.

La optimización para motores de búsqueda (SEO) es un factor importante en este contexto. Puede aumentar considerablemente la probabilidad de obtener una posición alta en los resultados de búsqueda de Google integrando juiciosamente palabras clave en las metaetiquetas y descripciones de su sitio web.

<u>Palabras clave:</u>

Cuando un usuario introduce una palabra clave asociada a sus productos, aumenta la probabilidad de que su sitio web aparezca en los resultados de búsqueda.

Para el éxito del SEO, el posicionamiento preciso de las meta etiquetas y descripciones es crítico. Además, Shopify proporciona un práctico instrumento de inteligencia artificial (IA) que puede ayudar en la creación de meta descripciones. Unas pocas palabras rudimentarias es todo lo que se necesita para que esta herramienta de inteligencia artificial genere descripciones cautivadoras.

Las imágenes de sus productos en alta calidad tienen la misma importancia. Tendrá que obtener imágenes de Internet o de los proveedores de sus proveedores si no se las proporciona el suyo. Es prácticamente imposible vender un producto en línea sin una imagen que lo acompañe, dado el papel fundamental que desempeñan los elementos visuales a la hora de atraer y captar clientes potenciales.

Dropshipping:

Cuando uno se dedica al drop-shipping, introduce un nuevo producto o establece una presencia en línea para una tienda física, se encuentra con un dilema sustancial: ¿cómo garantizar que los consumidores puedan localizar la tienda en línea?

Quienes descubren su plataforma de comercio electrónico a través de un motor de búsqueda suelen preguntar por productos comparables, lo que aumenta la probabilidad de que la transacción se realice con éxito. Mediante la optimización de motores de búsqueda (SEO), puede mejorar la visibilidad de su tienda en línea y aumentar la probabilidad de que los posibles consumidores encuentren sus productos en los resultados de los motores de búsqueda.

Las personas que buscan información en Internet suelen comenzar su búsqueda utilizando motores de búsqueda conocidos como Google o Bing.

Estos motores de búsqueda están pensados para filtrar el variado material que puede encontrarse en los sitios web y generar una lista ordenada de resultados según las consultas de búsqueda exactas que se introduzcan. En primer lugar, determinan qué sitios web tienen más posibilidades de ser relevantes para la consulta de búsqueda y, a continuación, ofrecen los resultados por orden de relevancia.

Resultados de la búsqueda:

La prominencia de su tienda en línea en los resultados de búsqueda puede verse afectada por una serie de factores, entre los que se incluyen los siguientes:

- Porcentaje del tráfico total de un sitio web que procede de fuentes no remuneradas u orgánicas, como las redes sociales u otros sitios web, que enlaza con el escaparate del sitio web.

- La autoridad de su sitio web, medida por aspectos como el nivel de compromiso de los usuarios y otros indicadores pertinentes.

- El número de años que ha sido propietario de su nombre de dominio.

- Tanto la estructura como el contenido de su sitio web se mejoran para que sean más amigables para los motores de búsqueda.

Para quienes se inician en el mundo del comercio minorista en línea puede resultar difícil tener un impacto inmediato en los tres primeros elementos.

Desarrollar una reputación positiva para su empresa requiere tiempo y un esfuerzo constante, al igual que obtener vínculos de retroceso de otros sitios web. Por otro lado, con su estrategia de contenidos, puede hacer planes para su éxito a largo plazo.

Optimizar su contenido para hacerlo más identificable por los motores de búsqueda en relación con las búsquedas vinculadas a sus productos es el enfoque más accesible para atraer más tráfico a su tienda en línea a corto plazo. Esto le ayudará a vender más de las cosas que vende en línea.

Esta metodología suele denominarse SEO, que significa "optimización para motores de búsqueda".

Para mejorar la optimización de motores de búsqueda de un sitio web para una tienda en línea, hay algunas estrategias fundamentales que deben utilizarse.

A continuación se presentan varios ejemplos de este tipo de estrategias:

Averigüe qué palabras y frases introducen los consumidores en los motores de búsqueda para encontrar productos y servicios similares a los suyos, y aprovéchelas. ¿Qué términos de búsqueda son más eficaces para atraer a los clientes a su establecimiento?

<u>Creación de contenidos:</u>

Cuando cree el contenido de su sitio web, no olvide añadir las palabras clave pertinentes en lugares estratégicos como los títulos de las páginas, las meta descripciones y el texto alternativo de las imágenes.

Es de suma importancia comprobar que las URL y los identificadores de archivo coinciden exactamente con el contenido que se muestra en pantalla.

Al añadir todo el dominio a Google Search Console, puede aumentar las tasas de rastreo e indexación del sitio web para su negocio en línea.

Blogs:

Integrar la información derivada de un blog en un sitio web es una forma complementaria y eficaz de aumentar la cantidad de tráfico orgánico que se dirige a un sitio web.

Esta estrategia tiene el potencial de aumentar la cantidad de tráfico orgánico que se envía a un sitio web durante un período prolongado de tiempo, lo que en última instancia puede conducir a un aumento de las ventas. Las herramientas de publicación de blogs y generación de contenidos que se incluyen en la mayoría de las plataformas de comercio electrónico pueden utilizarse eficazmente para diversos fines.

Del mismo modo que el mantenimiento de su blog y la optimización de su sitio web para los motores de búsqueda son cruciales, el marketing es uno de los factores más importantes que determinarán el éxito de su tienda en línea.

La estrategia de marketing más eficaz suele ser aquella cuya ejecución requiere menos recursos financieros y, aun así, consigue los resultados deseados.

Difundir publicaciones en plataformas de redes sociales propias que sean relevantes para la empresa y los productos que vende es un método viable que puede utilizarse para poner en marcha los intentos de marketing.

Medios de comunicación social:

La creación de páginas dedicadas en plataformas de redes sociales conocidas como Facebook e Instagram puede ser un método eficaz para dar a conocer a los clientes potenciales la oferta de su empresa y aumentar la notoriedad de la marca.

Además, debería plantearse la creación de un canal de YouTube. Tus anuncios de productos serán vistos por más gente si los compartes de manera reflexiva en grupos de Facebook que sean relevantes para tu público objetivo, así como en sitios web especializados en anuncios clasificados gratuitos que atiendan a tu sector de mercado en particular.

Marketing:

Es recomendable que piense en la fabricación de tarjetas de visita que incluyan un breve resumen de su empresa, así como la URL de su tienda en línea. Esto le permitirá entregar las tarjetas a cualquier persona con la que entre en contacto.

Además, se recomienda encarecidamente que piense en colocar folletos y otros materiales promocionales de su organización en los tablones de anuncios que suelen encontrarse en los campus universitarios.

Dado que el marketing desempeña un papel tan crucial a la hora de atraer y retener a una mayor base de clientes, es esencial hacer hincapié en esta faceta de la empresa. Hay que tener en cuenta que el éxito de los esfuerzos de marketing puede influir directamente en los beneficios económicos que se obtengan.

Si el sitio web de una persona ya está generando ingresos, debería plantearse la posibilidad de reinvertir parte de ese dinero en otras formas de actividad de marketing si quiere seguir haciendo crecer su negocio.

Las organizaciones tienen ahora la capacidad de desplegar actividades publicitarias focalizadas en varias plataformas, como Google Ads y Facebook Ads, con la libertad de personalizar estas campañas para que se correspondan con sus recursos financieros.

Ejemplos de estas plataformas son Google y Facebook. El objetivo principal de este esfuerzo es aumentar el número de personas que conocen y saben de su sitio web y que utilizan Internet.

Es aconsejable dirigirse a los conocidos sin reticencias y solicitar su ayuda para publicitar el propio sitio web, al tiempo que se insta a sus contactos a realizar actos similares.

Esta es la mejor forma de actuar si uno tiene conocidos que cuentan con grandes seguidores o amplias redes. El marketing piramidal, a pesar de su apariencia aparentemente modesta, tiene la capacidad de llegar a un gran número de personas, quizá cientos o incluso millones.

Esto se debe a que el marketing piramidal funciona animando a los participantes a reclutar a otros para que participen en el plan.

Beneficios de fidelización de clientes:

Para fomentar la repetición de negocios en su sitio web, un método útil consiste en dar a los clientes fieles la oportunidad de ganar premios por su continuo patrocinio de la empresa ofreciéndoles ventajas de fidelidad. Esta estrategia no sólo ayuda a las empresas a conservar a sus clientes actuales, sino que también genera mayores ingresos y una mayor variedad demográfica de clientes.

Embudos:

La utilización de embudos de correo electrónico es otra táctica poderosa que debe tenerse en cuenta. Una estrategia de marketing conocida como un embudo de correo electrónico es una técnica que fue desarrollada expresamente para guiar a los consumidores potenciales a lo largo de un camino que, al final, resulta en que los clientes se conviertan en compradores. Es un procedimiento metódico que hace uso de la correspondencia por correo electrónico para cultivar clientes potenciales y convertirlos en clientes de pago.

Los embudos de correo electrónico se construyen con una serie de mensajes cuidadosamente producidos y diseñados para ser enviados en secuencia. Cada correo electrónico desempeña una función única en el contexto del recorrido del cliente. El objetivo es conducir a los clientes potenciales a través de una serie de etapas, empezando por la primera etapa de concienciación y terminando con la etapa de conversión.

Al principio del proceso de ventas, los objetivos principales son dar a conocer la marca y captar el interés de los posibles clientes. A medida que el proceso avanza, se profundiza en el compromiso, despertando la curiosidad, ofreciendo contenidos que enganchen y, por último, fomentando la conversión.

Con frecuencia, la ejecución de estos embudos depende en gran medida de la automatización de las comunicaciones por correo electrónico. Permite a las empresas enviar comunicaciones relevantes y oportunas a las personas en función de sus interacciones con correos electrónicos anteriores o del comportamiento en el sitio web.

Estas interacciones pueden extraerse del historial de interacciones del individuo con sitios web o correos electrónicos. Los embudos de correo electrónico se esfuerzan por optimizar la posibilidad de convertir a los clientes potenciales en compradores satisfechos proporcionándoles buena información, resolviendo sus necesidades y ofreciéndoles ofertas de forma inteligente.

Un embudo de correo electrónico es esencialmente una herramienta de marketing dinámico que dirige a los clientes potenciales a lo largo de un camino predeterminado. Por ello, es una estrategia eficaz para las empresas que quieren aumentar el número de conversiones que obtienen y mejorar sus relaciones con los clientes.

ROE DEL COMERCIO ELECTRÓNICO

CONCLUSIÓN

En conclusión, "De cero a héroe del comercio electrónico", de Abraham Wright, presenta una guía práctica y práctica para cualquiera que aspire a alcanzar un éxito notable en el mundo del comercio electrónico. Como se detalla en los cinco pasos fundamentales, este libro desmitifica el camino hacia la creación de un negocio en línea multimillonario con un presupuesto tan modesto como 100 dólares al mes.

El viaje comienza con "Encontrar un nicho", donde aprenderá a identificar un segmento de mercado que encaje perfectamente con sus objetivos empresariales. A continuación, "Encontrar un proveedor local" es la clave para conseguir el inventario necesario y preparar el terreno para su empresa de comercio electrónico. "Crear un sitio de comercio electrónico o clonar uno" le proporciona las herramientas esenciales para establecer una presencia digital que capte la atención de su público.

Una vez sentadas las bases, se sumerge en "Obtener el precio adecuado". Aquí adquirirás los conocimientos necesarios para fijar precios competitivos y rentables, un elemento vital en tu camino hacia el éxito. Y, por último, "SEO y estrategia de marketing" desvela las estrategias y tácticas necesarias para promocionar tu negocio con eficacia y mejorar tu visibilidad en Internet.

En un mundo en el que el comercio electrónico puede ser un panorama complejo y desalentador, "De cero a héroe del comercio electrónico" ofrece una narración clara y práctica, que le guiará de cero a héroe, donde la promesa de éxito es tangible y el camino está iluminado.

Tanto si acaba de iniciar su andadura en el comercio electrónico como si desea elevar su negocio actual, este libro le permitirá aprovechar la oportunidad y trazar el camino hacia el triunfo del comercio electrónico. Emprenda este viaje transformador, siga estos cinco pasos esenciales y escriba su propia historia de éxito, de cero a héroe del comercio electrónico.

Fin